CHEFKOCH

EUROPAS GRÖSSTE FOOD-COMMUNITY: **20 MILLIONEN USER WISSEN, WAS SCHMECKT**

Heimwehküche
Essen wie zuhause

DIE BESTEN REZEPTE VON CHEFKOCH

Impressum

Math. Lempertz GmbH
Hauptstraße 354, 53639 Königswinter
Tel.: 02223 / 90 00 36, Fax: 02223 / 90 00 38
info@edition-lempertz.de, www.edition-lempertz.de

© 2023 Mathias Lempertz GmbH

Lektorat: Math. Lempertz GmbH
Layout/Satz: Hilga Pauli
Gesamtherstellung: Belvédère Print & Packaging BV, Niederlande, www.TheArtOfMakingBooks.de
ISBN: 978-3-96058-483-4

Foodfotos:
Umschlag Vorderseite:
Foto: Gottwald, Jorma
Umschlag Rückseite:
Fotos (v.l.n.r.): Gottwald, Jorma

Innenteil:
Fotos:
Blum, Celia/Blueberry Food Studios: S.50
Bonanni, Florian/Blueberry Food Studios: S. 18, 86, 110
Büttner, Sabine: S. 42
Cramer, Marie-Therese: S. 106
Gorenc, Denise/Blueberry Food Studios: S. 20, 36, 62, 74, 78
Gottwald, Jorma: S. 8, 10, 14, 24, 28, 32, 46, 56, 60, 88, 92, 102, 104, 108, 112, 116, 118
Neckermann, Thomas: S. 6, 12, 22, 26, 30, 34, 38, 40, 44, 48, 52, 54, 58, 64, 66, 68, 70, 72, 80, 82, 96, 114
Pankrath, Tobias/Blueberry Food Studios: S. 76
Schröder, Bruno/Blueberry Food Studios: S. 16
Westermann + Buroh Studios: S. 84, 90, 94, 98, 100

Foodstylisten: Arhelger, Serafin; Baum, Katja; Bukmeier, Annalena; Büngener, Jürgen; Ellmer, Achim; Frenzel, Raik/Blueberry Food Studios; Fänger, Friederike; Geiselmann, Roland; Vladlen, Gordiyenko/Blueberry Food Studios; Grossmann, Lukas; Haas, Tobias/Blueberry Food Studios; Haupt, Anne; Heidegger, Marion; Hildebrandt, Jens/Blueberry Food Studios; Köster, Hege Marie; Kruse, Merle; Leyendecker, Sophie; Lucas, Anne; Luck, Julia; Menge, Kay-Henner; Pingel, Tom/Blueberry Food Studios; Pio; Seefried, Philipp /Blueberry Food Studios; Stut, Marcel; Swoboda, Marion; Trenkle, Sarah; Wolken, Michele

Stylisten: Blum, Celia/Blueberry Food Studios; Bonanni, Florian/Blueberry Food Studios; de la Fuente, Isabel; Erdmann, Ina; Gorenc, Denise/Blueberry Food Studios; Graumann, Katja; Heinatz, Katrin; Mähler, Christine; Pankrath, Tobias/Blueberry Food Studios; Rehbock, Anka; Schenk, Dörthe; Stüber, Meike

CHEFKOCH

EUROPAS GRÖSSTE FOOD-COMMUNITY: **20 MILLIONEN USER WISSEN, WAS SCHMECKT**

Heimwehküche
Essen wie zuhause

Inhalt

Hauptgerichte mit Fisch

Nachtisch

Liebe Leserinnen und Leser,

ob fangfrischer Zander, Omas Sauerbraten oder Muttis Kartoffelsalat – ganz egal, wo im deutschsprachigen Raum Sie zu Hause sind, wir haben erlesene Rezepte von Nord nach Süd für Sie, die Ihnen garantiert Heimatgefühle bereiten. Mit unseren Gaumenfreuden werden Erinnerungen aus Kindheitstagen wach, ganz getreu dem Motto: "Zuhause ist, wo es schmeckt!"

Lassen Sie uns mit einer ebenso wohlschmeckenden wie gesunden Vorspeise starten: Blumenkohl mit Eier-Kräuter-Sauce nach österreichischer Art. Auch einen vitaminreichen Rotkohl-Preiselbeer-Salat haben wir mitgebracht. Neben einigen weiteren Startern liefern vor allem unsere knusprigen Schwarzwurzeln das gewisse Etwas. Und die Kleinen werden von unseren lustigen Tomaten-Fliegenpilzen sicher begeistert sein!

Auch die Suppe gehört bei der Heimatküche natürlich fest dazu! Kräftig, herzhaft und nährstoffreich schmeckt sie garantiert wie bei Großmutter. Ob Sie die leichte Rinderkraftbrühe zur Stärkung wählen, oder doch eher die deftige Linsensuppe mit bockigen Würstln – wir haben hier die Klassiker und auch ein paar Geheimrezepte herausgesucht, die garantiert nicht nur Ihren Magen, sondern auch die Seele wärmen!

Beim Hauptgang ist wirklich für alle etwas dabei – von vegetarischer Küche über heimischen Fisch bis hin zu einer Riesenauswahl der beliebtesten Fleischrezepte. Wie wäre es mit authentischen Thüringer Rostbräteln, Fränkischem Schweinebraten oder dem beliebten Hühnerfrikassee mit Spargel und Pilzen? Auch die Matjesvariationen lassen das Wasser im Munde zusammenlaufen, genauso wie die Kohlroulade, die einmal ganz anders daherkommt, nämlich völlig ohne Fleisch. Abgerundet wird das Menü durch unsere süßen Desserts und feines Gebäck.

All die leckeren Gerichte in diesem Kochbuch haben die privaten Hobbyköchinnen und -köche der Chefkoch-Community kreiert und auf der Plattform Chefkoch.de veröffentlicht. Die besten Rezepte wurden vom CHEF-KOCH-Team ausgewählt, geprüft, nachgekocht und im Fotostudio in Szene gesetzt. Stillen Sie Ihr Heimweh mit unserer traditionellen Küche, die Leib und Seele zusammenhält!

Viel Freude beim Nachkochen und guten Appetit

wünscht Ihr CHEFKOCH -Team

Vorspeisen & Salate

Kartoffelsalat à la Mutti

Pro Portion   773 KCAL

ZUTATEN (4 Portionen)

750 g festkochende Kartoffeln
Salz, Pfeffer
1 Apfel (z. B. Boskop)
3 Gewürzgurken
1 Zwiebel
500 g Fleischsalat
250 g fettreduzierte Salat-
mayonnaise (z. B. „Miracel
Whip Balance")
evtl. **½ Bund** Schnittlauch

1. **Kartoffeln** in kochendem Salzwasser 15–20 Min. garen. In der Zwischenzeit **Apfel** schälen, entkernen und mit **Gurken** und **Zwiebel** fein würfeln. **Fleischsalat** mit **Mayonnaise** vermengen, **Apfel**, **Gewürzgurken** und **Zwiebel** unterheben.

2. **Kartoffeln** abgießen, abschrecken, pellen und in Würfel schneiden. Unter die Mayo-Sauce heben, mit **Salz** und **Pfeffer** abschmecken und mindestens 2–3 Std. ziehen lassen. Nach Belieben mit fein geschnittenen **Schnittlauchröllchen** bestreuen.

SIMPEL
30 Min.
+ 2-3 Std.
Ruhezeit

Tipp

Pimp up! 1 El Olivenöl in der Pfanne erhitzen. 12 TK-Riesengarnelen mit Schale (aufgetaut) bei starker Hitze 3–5 Min. braten, evtl. mit einer Prise Chilipulver würzen und mit dem Salat servieren.

Karfiol mit Eier-Kräuter-Sauce

| Pro Portion | 480KCAL |

ZUTATEN (4 Portionen)

1 großer Blumenkohl (österreichisch „Karfiol")

50 ml Milch

Salz, Pfeffer

4 El Butter

4 El Mehl

250 ml Gemüsebrühe

125 ml Sauerrahm

Curry

evtl. **4 El** fein gehackte gemischte Kräuter

4 hartgekochte Eier

1. **Blumenkohl** bzw. **Karfiol** in Röschen teilen, in einen Topf geben und mit Wasser und der **Milch** knapp bedecken. Salzen und zum Kochen bringen. Je nach Größe der Röschen 5–8 Minuten gar kochen. Wer den **Blumenkohl** gern sehr weich mag, kocht ihn etwas länger.

2. In einem anderen Topf **Butter** erhitzen. **Mehl** einrühren und anschwitzen. Mit **Gemüsebrühe** unter Rühren ablöschen, wieder aufkochen und einige Minuten unter Rühren köcheln lassen. Vom Herd ziehen. **Sauerrahm**, **Curry** und nach Belieben **Kräuter** dazugeben und die Sauce abschmecken. Die klein geschnittenen **Eier** vorsichtig unterheben.

3. **Karfiol** auf Tellern anrichten, mit der Sauce übergießen.

4. Dazu schmecken Salzkartoffeln.

NORMAL

25 Min.

VEGGIE

Rübenmus mit Mettenden ★★★★✰

Pro Portion | 466 KCAL

ZUTATEN (4 Portionen)

1 kg Steckrübe

500 g Möhren

500 g Kartoffeln

4 Mettenden

Salz, Pfeffer

2-3 Prisen Muskat

evtl. einige Petersilienblätter

1. **Steckrübe**, **Möhren** und **Kartoffeln** schälen und in grobe Stücke schneiden. In einen Topf geben, **Mettenden** zugeben. Alles mit Wasser bedecken, aufkochen und 45 Min. köcheln lassen.

2. **Mettenden** aus dem Topf nehmen und das Kochwasser abgießen. **Gemüse** im Topf mit einem Kartoffelstampfer fein zerdrücken. Mit **Salz**, **Pfeffer** und **Muskat** herzhaft abschmecken. **Rübenmus** mit den **Mettenden** servieren.

SIMPEL

30 Min. +
40 Min.
Garzeit

Tipp **Aus bodenständig wird raffiniert:** Gewürzt mit frischem Thymian, passt das Mus auch hervorragend zu Lachs. Reste lassen sich übrigens einfrieren.

Rotkohl-Preiselbeer-Salat

`Pro Scheibe` 267 KCAL

ZUTATEN (4 Portionen)

500 g Rotkohl
1 Apfel
1 El Zitronensaft
4 El Wildpreiselbeeren (Glas)
2 El Himbeeressig
4 El Walnussöl
Salz, Pfeffer
1 Prise gemahlene Nelken
3 El Walnusskerne

1. **Rotkohl** putzen und in feine Streifen schneiden oder hobeln. **Apfel** vierteln und entkernen. Viertel in feine Stifte schneiden und sofort mit **Zitronensaft** mischen.

2. **Preiselbeeren**, **Essig** und **Öl** verquirlen und mit **Salz**, **Pfeffer** und **Nelken** würzen. Dressing mit **Rotkohl** und **Apfel** (bis auf einige Stifte) mischen und 30 Min. ziehen lassen.

3. **Walnusskerne** nach Belieben in einer Pfanne ohne Fett anrösten, abkühlen lassen. **Walnüsse** und übrige **Apfelstifte** über den Salat streuen.

REVANGE: „Ich empfehle unbedingt, den Kohl nach dem Hobeln gut durchzuwirken. Dann wird er zarter."

KNOBIFUJI1: „Tolles Rezept. Habe noch eine Scheibe geräucherten mageren Speck und eine Zimtstange mitgekocht."

Apfelrotkohl ★★★★⋆

`Pro Portion` 292 KCAL

ZUTATEN (4 Portionen)

2 kg Rotkohl

2 säuerliche Äpfel (z. B. Boskop)

1 mittelgroße Zwiebel

2 El Gänse- oder Schweine-
schmalz

3 El Apfelessig

250 ml Apfelsaft

2 Gewürznelken

1 Lorbeerblatt

Salz, Pfeffer

1 El Zucker

1. **Rotkohl** in Streifen schneiden. **Äpfel** schälen und mit der **Zwiebel** fein würfeln.

2. **Schmalz** in einem weiten Topf erhitzen. **Zwiebel**- und **Apfelwürfel** darin 2–3 Min. bei mittlerer Hitze anschwitzen.

3. **Rotkohl** zugeben und **Essig** unterrühren. **Apfelsaft** angießen, **Nelken** und **Lorbeer** unterheben. Mit **Salz**, **Pfeffer** und **Zucker** würzen und abgedeckt bei mittlerer Hitze 45–50 Min. schmoren (zwischendurch immer wieder umrühren). Eventuell noch etwas Flüssigkeit nachgießen.

Tipp

Beeriges Aroma: Wir haben die Essigmenge verdoppelt und für eine feine säuerliche Note mit fruchtigem Akzent zusätzlich mit 6 El Rotweinessig und 200 g Johannisbeergelee abgeschmeckt.

Knusprige Schwarzwurzeln ★★★★✧

Pro Portion   145 KCAL

ZUTATEN (6 Portionen)

1 Glas Schwarzwurzeln
(Abtropfgewicht 530 g)

2 El Senf

2 Eier (Kl. M)

Salz, Pfeffer

5 El Mehl

5 El Semmelbrösel

2 El neutrales Öl

1. **Schwarzwurzeln** abtropfen lassen. **Senf** und **Eier** verquirlen, mit **Salz** und **Pfeffer** würzen.

2. **Schwarzwurzeln** zuerst in **Mehl,** dann in der Eimischung und zum Schluss in den **Semmelbröseln** wälzen. **Öl** erhitzen. **Schwarzwurzeln** darin knusprig braten.

3. Dazu passt ein Aivardip.

SIMPEL

30 Min.

Tomaten-Fliegenpilze ★★★★

Pro Portion 113 KCAL

ZUTATEN (4 Portionen)

4 Eier (Kl. M)

2 kleine Tomaten

1-2 El Mayonnaise (Tube)

1. **Eier** in kochendem Wasser 8–10 Minuten hart kochen. Abschrecken, abkühlen lassen und pellen. Am abgeflachten Ende gerade schneiden, sodass sie gut aufrecht stehen können.

2. **Tomaten** halbieren und die Kerne entfernen. Tomatenhälften als Hüte auf die spitzen Seiten der Eier setzen.

3. **Tomaten** mit **Mayonnaisetupfern** verzieren.

TILLA: „Das Ganze macht sich hübsch auf einem Schnittlauch- oder Kressebett."

Tipp **„Stammbaum":** Als „Stamm" können Sie auch Mozzarella in Form schneiden oder Mini-Mozzarellakugeln nehmen und dazu Cherrytomaten.

Kartoffel-Möhren-Stampf ★★★★⁄

Pro Portion 223 KCAL

ZUTATEN (4 Portionen)

350 g vorwiegend festkochende Kartoffeln

250 g Möhren

Salz, Pfeffer

1 El Butter

100 ml Milch

2–3 Prisen Muskat

evtl. **2 El** geröstete Mandelblättchen

1. **Kartoffeln** und **Möhren** schälen und in grobe Stücke schneiden. In einem Topf mit Salzwasser bedecken, aufkochen und bei milder Hitze zugedeckt 15-20 Min. garen.

2. Gemüsemischung abgießen und im heißen Topf kurz ausdämpfen lassen. **Butter** und **Milch** zugeben und alles grob zerstampfen.

3. Mit **Salz**, **Pfeffer** und **Muskat** abschmecken. Nach Belieben mit **Mandeln** bestreuen.

4. Dazu passen kleine Frikadellen.

SIMPEL

15 Min. + 20 Min. Garzeit

Tipp

Pimp your Pü! Durch Zugabe von Zwiebeln, Basilikum oder Kräutern können Sie Kartoffelpü mit Vitaminen anreichern. Mit Tomaten oder Tomatenmark färben Sie es rot und mit Erbsen erhalten Sie ein tolles grünes Püree. Genau wie mit grünem Pesto. Und die Kinder, die Rote Beten mögen, freuen sich über die Knallfarbe.

Suppen

Rinderkraftbrühe mit Gemüse

★★★★⸝

| Pro Portion | 172 KCAL |

ZUTATEN (4 Portionen)

1 große Zwiebel

1 kleines **Bund** Suppengemüse

250 g Beinscheiben vom Rind

250 g Suppenfleisch vom Rind

1 El Öl

100 g Rosenkohl

1 Kohlrabi

1 **Stange** Lauch

2 Möhren

Salz, Pfeffer

evtl. **einige Stiele** Petersilie

NORMAL

30 Min. +
2 Std.
20 Min.
Garzeit

1. **Zwiebel** in Scheiben schneiden. **Suppengemüse** putzen und in grobe Stücke schneiden.

2. **Beinscheiben**, **Suppenfleisch** und **Zwiebel** in einem Topf im heißen Öl rundum kräftig anbraten. 2 l Wasser und das **Suppengemüse** zugeben. Aufkochen und bei milder Hitze 2 Std. köcheln lassen.

3. Für die Einlage **Rosenkohl**, **Kohlrabi** und **Lauch** putzen, **Möhren** schälen. **Kohlrabi** in Würfel, **Lauch** in Ringe und **Möhren** in Scheiben schneiden.

4. **Fleisch** aus dem Topf nehmen, beiseitestellen. Suppe durch ein Sieb in einen zweiten Topf gießen, das Suppengemüse entfernen.

5. **Rosenkohl**, **Kohlrabi**, **Lauch** und **Möhren** in die Brühe geben, aufkochen, 20–30 Min. garen.

6. Das Fleisch von Knochen, Fett und Sehnen befreien, klein schneiden, zur Suppe geben und erhitzen. Suppe mit **Salz** und **Pfeffer** abschmecken.

7. Nach Belieben mit fein geschnittener **Petersilie** bestreuen.

HOBBYKOCHEN: „Ideale Suppe, um vor Kindern die Vitamine zu verstecken."

NORMAL

50 Min.

Linseneintopf und bockige Würstl ★★★★↙

Pro Portion   594 KCAL

ZUTATEN (4 Portionen)

250 g Linsen (z. B. Tellerlinsen)

1 Zwiebel

ca. **250 g** Möhren

ca. **300 g** Kartoffeln

ca. **250 g** Knollensellerie

2 El Rapsöl

ca. **150 g** Speckschwarte

1-1 ½ l Gemüsebrühe

4 Bockwürstchen und/ oder Kasselerscheiben

Salz, Pfeffer,

Zucker, Muskat

1 Schuss Essig

1 El Senf

4 El fein geschnittene Petersilie

1. **Linsen** je nach Sorte und Packungsanweisung einweichen. **Zwiebel** fein würfeln. **Möhren**, **Kartoffeln** und **Sellerie** putzen, schälen und in ca. 1 cm große Würfel schneiden.

2. **Öl** in einem Topf erhitzen. **Zwiebel**, **Möhren**, **Kartoffeln**, **Sellerie** und **Speck** darin 4 Min. dünsten. **Linsen** evtl. mit dem Einweichwasser zugeben. **Brühe** zugießen, aufkochen und bei mittlerer Hitze ca. 30 Min. kochen.

3. **Würstchen** oder **Kasseler** in mundgerechte Stücke schneiden und im Eintopf erwärmen. Linseneintopf mit **Salz**, **Pfeffer**, **Zucke**r, **Muskat**, **Essig** und **Senf** abschmecken. Mit **Petersilie** bestreut servieren.

Tipp

Wichtig: Linseneintopf erst zum Schluss mit Salz und Essig abschmecken, sonst werden die Linsen nicht gar.

Hühnersuppe mit Spargel und Reis ★★★★☆

Pro Portion   675 KCAL

ZUTATEN (4 Portionen)

1 **Bund** Suppengrün

1 Suppenhuhn oder 1 Poularde

1 **Tl** weiße Pfefferkörner

2 Lorbeerblätter

2 ½ l Hühnerbrühe

200 g Langkornreis

Salz, Pfeffer

250 g weißer Spargel

250 g grüner Spargel

200 g Zuckerschoten

250 ml Schlagsahne

1 **Prise** Zucker

4 **El** Zitronensaft

Abrieb von ½ Bio-Zitrone

4 **El** fein geschnittene Petersilie

1. **Suppengrün** putzen, grob würfeln. **Huhn** waschen und mit **Suppengrün**, **Pfefferkörnern** und **Lorbeer** in einen hohen Topf geben, **Brühe** angießen, aufkochen. Aufsteigenden Schaum abschöpfen und die Suppe ca. 1 Std. zugedeckt köcheln lassen.

2. **Reis** nach Packungsanweisung in Salzwasser garen. **Spargel** schälen (**grünen Spargel** nur im unteren Drittel), die Enden abschneiden. **Spargel** schräg in 2 cm große Stücke schneiden. **Zuckerschoten** putzen und halbieren.

3. **Huhn** aus der **Brühe** nehmen. **Brühe** durch ein feines Sieb in einen anderen Topf gießen und bei starker Hitze um ⅓ einkochen lassen.

4. **Huhn** häuten, das Fleisch von den Knochen lösen und klein schneiden. **Weißen Spargel** zur Brühe geben, 8 Min. garen, nach 4 Min. **grünen Spargel** und **Zuckerschoten** zugeben, mitgaren. **Sahne**, **Fleisch** und **Reis** unterrühren, kurz aufkochen, mit **Salz**, **Pfeffer**, **Zucker**, **Zitronensaft** und **-schale** abschmecken. Mit **Petersilie** bestreuen.

SCHOKO-HERZCHEN: „Mein Wochenmarkt hatte keine Zuckerschoten, da habe ich einfach ein paar Erbsen hineingeworfen."

Flädlesuppe ★★★★☆

Pro Portion 289 KCAL

ZUTATEN (4 Portionen)

100 g Mehl

2 Eier (Kl. M)

250 ml Milch

Salz

60 g Butter

1 l Rindfleischbrühe

1 Möhre

1 Bund Schnittlauch

SIMPEL

40 Min.

1. **Mehl**, **Eier**, **Milch** und 1 Prise **Salz** mit den Quirlen des Handrührers verrühren, 15 Min. quellen lassen.

2. **Butter** portionsweise in einer beschichteten Pfanne erhitzen und darin 8 dünne Pfannkuchen backen. Dafür jeweils 1 Kelle Teig hineingeben, unter Schwenken gleichmäßig verteilen, von beiden Seiten goldbraun backen, abkühlen lassen.

3. **Brühe** aufkochen. **Möhre** schälen, in dünne Stifte schneiden und darin 5 Min. garen. **Schnittlauch** in Röllchen schneiden.

4. Pfannkuchen fest aufrollen, in dünne Scheiben schneiden und auf vier tiefe Teller verteilen. **Brühe** dazugeben, mit **Schnittlauch** bestreut servieren.

LALALALALALALA: „Ich verwende dafür selbst gemachte Hühnersuppe."

Bohnensuppe ★★★★☆

Pro Portion   416 KCAL

ZUTATEN (4 Portionen)

1 kg frische Bohnen
(Buschbohnen oder Schnippel-
bohnen)
1 Zwiebel
100 g gewürfelter Speck
750 ml Gemüsebrühe
1 El Mehl
300 ml Schlagsahne
Salz, Pfeffer

1. **Bohnen** waschen, putzen und in feine, lange Streifen schneiden. **Zwiebel** schälen und fein hacken.

2. **Speck** in einem Topf auslassen und die **Zwiebel** darin glasig dünsten. **Bohnen** zugeben, mit **Gemüsebrühe** auffüllen und 30–40 Min. bei milder Hitze köcheln.

3. **Mehl** unter die Bohnen rühren und weitere 10 Min. garen. Kurz vor dem Servieren **Sahne** unterrühren, mit **Salz** und **Pfeffer** abschmecken und sofort servieren.

NORMAL
50 Min.

STERNEKÖCHIN2011: „Habe noch ein paar Kartoffelwürfel und Bohnenkraut hinzugefügt."

Kartoffel-Möhren-Eintopf mit Hackbällchen ★★★★✦

| Pro Portion | 556 KCAL |

ZUTATEN (4 Portionen)

750 g Kartoffeln

500 g Möhren

750 ml Gemüsebrühe

1 mittelgroße Zwiebel

400 g gemischtes Hackfleisch

1 Ei (Kl. M)

Salz, Pfeffer

½ Tl edelsüßes Paprikapulver

1 El Öl

30 g Butter

40 g Mehl

1-2 El Currypulver

120 ml Milch

½ Bund Petersilie

1. **Kartoffeln** und **Möhren** schälen und in mundgerechte Stücke schneiden. **Brühe** aufkochen, **Kartoffeln** und **Möhren** darin 14–16 Min. garen.

2. **Zwiebel** fein würfeln. **Hack**, **Zwiebel** und **Ei** verkneten, mit **Salz**, **Pfeffer** und **Paprika** würzen. Aus der Masse 16 Bällchen formen. **Öl** in einer Pfanne erhitzen, Bällchen darin 10 Min. braten.

3. Gemüse abgießen, **Brühe** auffangen. **Butter** erhitzen, **Mehl** und **Curry** darin anschwitzen. **Brühe** und **Milch** unter ständigem Rühren dazugießen. Aufkochen und unter Rühren 5 Min. köcheln lassen. Mit **Salz** und **Pfeffer** abschmecken. **Petersilie** fein schneiden. Gemüse und Hackbällchen in der Soße erwärmen. Mit **Petersilie** bestreuen.

NORMAL

50 Min.

Tipp

Iss doch Wurst! Noch schneller geht es, wenn Sie das Brät von 4 rohen groben Bratwürsten zu Bällchen formen und 10 Min. zusammen mit dem Gemüse garen.

Vegetarische Hauptgerichte

Spinat-Käse-Omelett

Brillas Bauernfrühstück

Brillas Bohnentopf

Pellkartoffeln mit Kressequark

Kohlrouladen mit Gemüse-Käse-Füllung

Spinat-Käse-Omelett ★★★★★

VEGGIE

Pro Portion 349 KCAL

ZUTATEN (4 Portionen)

8 Eier (Kl. M)

100 ml Milch

Salz, Pfeffer

1 Prise Muskat

1 Prise Cayennepfeffer

½ Pck. TK-Rahmspinat

200 g Feta (mit mikrobiellem Lab)

4 Tl Butter

evtl. **2 El** Kresse

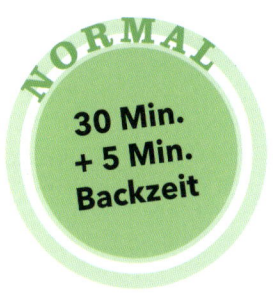

NORMAL

**30 Min.
+ 5 Min.
Backzeit**

1. **Eier** und **Milch** mit einem Schneebesen in einer Schüssel verquirlen. Mit **Salz**, **Pfeffer**, **Muskat** und **Cayennepfeffer** würzen.

2. **Spinat** nach Packungsanweisung auftauen, nach Belieben würzen. **Feta** würfeln.

3. In einer Pfanne portionsweise 1 Tl **Butter** erhitzen, ¼ der Omelettmasse dazugeben und bei mittlerer Hitze stocken lassen.

4. Die Hälfte der noch weichen Omelettoberfläche mit **Spinat** und **Feta** belegen, Omelett zusammenklappen, herausnehmen und in eine ofenfeste Form legen. Mit den restlichen Zutaten wie beschrieben 3 weitere Omeletts zubereiten.

5. Omeletts im heißen Ofen bei 200 Grad (Umluft 180 Grad) ca. 5 Min. noch mal erhitzen und kross werden lassen. Nach Belieben mit **Kresse** bestreuen.

TFLYING-SHEEP: „Superlecker auch mit Gorgonzola dulce."

MICKYJENNY: „Ich habe die Gurken durch Cocktailtomaten ersetzt."

Brillas Bauernfrühstück ★★★★⁄

| Pro Portion | 459 KCAL |

ZUTATEN (2 Portionen)

500 g festkochende Kartoffeln

1 Zwiebel

1 grüne Paprikaschote

3 getrocknete Tomaten (in Öl)

2 große Gewürzgurken

2 El Olivenöl

Salz, Pfeffer aus der Mühle

50 g Edamer

2 Eier (Kl. M)

2 El gehackte Petersilie

1. **Kartoffeln** schälen und in schmale Stifte schneiden (etwa halb so dick wie für Pommes). **Zwiebel** in halbe Ringe schneiden. **Paprikaschote** putzen und in kleine Würfel schneiden. Getrocknete

2. **Tomaten** und **Gewürzgurken** fein würfeln.

3. **Öl** in einer großen beschichteten Pfanne erhitzen und die **Kartoffeln** darin bei mittlerer bis starker Hitze 10 Min. unter Wenden braten, bis sie leicht angebräunt sind. **Zwiebel** und **Paprika** dazugeben und 5-10 Min. weiterbraten, bis die Kartoffeln weich sind. Hitze reduzieren, **Tomaten** und **Gurken** unterheben, mit **Salz** und **Pfeffer** würzen. **Käse** raspeln und darüberstreuen. Nicht mehr rühren.

4. Zwischen den Kartoffeln 2 Mulden formen. **Eier** aufschlagen, hineingleiten lassen, zugedeckt 4-5 Min. stocken lassen.

5. Bauernfrühstück mit **Petersilie** bestreut servieren.

Tipp

Was für ein Eiertanz: Bei den Eiern können Sie ganz nach Belieben variieren: Wer Spiegeleier lieber knusprig mag, brät sie parallel zu den Kartoffeln in einer Extrapfanne. Oder die Eier wie beim klassischen Bauernfrühstück verquirlen, über die Kartoffeln gießen und etwa 5 Minuten zugedeckt stocken lassen.

Brillas Bohnentopf ★★★★★

`Pro Portion` 312 KCAL

ZUTATEN (4 Portionen)

2 große Zwiebeln

2 Knoblauchzehen

1 mittlere Aubergine

1 mittlere Zucchini

4 El Olivenöl

2 Chilischoten

1 große **Dose** weiße Riesen-
bohnen (800 g)

1 **Dose** stückige Tomaten
(400 g)

200 ml Gemüsebrühe

1 Tl getrockneter Thymian

Salz

evtl. **40 g** geriebener Hartkäse
nach Wahl

1. **Zwiebeln** in feine Scheiben schneiden, **Knoblauch** fein hacken, **Aubergine** und **Zucchini** waschen und putzen. Aubergine würfeln, Zucchini in halbe Scheiben schneiden.

2. **Öl** in einem Topf erhitzen. **Zwiebeln** darin glasig dünsten, **Knoblauch** und **Aubergine** hineingeben. Bei mittlerer Hitze unter Rühren 8–10 Min. hellbraun anbraten. **Zucchini** und fein gehackte **Chilis** dazugeben, 2 Min. mitbraten.

3. **Bohnen**, **Tomaten**, **Brühe** und **Thymian** dazugeben. 10 Min. bei geschlossenem Deckel köcheln lassen. Mit **Salz** abschmecken. Nach Belieben noch 1 Std. ziehen lassen und mit **Hartkäse nach Wahl** bestreuen und servieren.

4. Dazu passt Ciabatta oder Fladenbrot.

NORMAL

20 Min. +
1 Std.
Ruhezeit

Pellkartoffeln mit Kressequark

★★★★⭒

`Pro Portion` 180 KCAL

ZUTATEN (2 Portionen)

8 mittelgroße Kartoffeln
6 **El** Magerquark
2 **El** Crème fraîche
Salz, Pfeffer
1 Kästchen Kresse
1 große Zwiebel
Salatgurke

1. **Kartoffeln** mit Schale in kochendem Salzwasser ca. 20 Min. garen.

2. **Quark** mit **Crème fraîche** verrühren. Mit **Salz** und **Pfeffer** würzen. **Kresse** vom Beet schneiden,

3. Hälfte unter den Quark heben. **Zwiebel** und **Gurke** in kleine Würfel schneiden.

4. Kartoffeln abgießen, pellen. Mit Kressequark, Gurke, Zwiebel und restlicher Kresse anrichten.

SIMPEL

25 Min.

VEGGIE

LÖWEWIP: „Bei uns gab's dazu Feldsalat mit Tomatenwürfelchen."

Tipp

Bitte mit Leinöl: Häufig wird dieses Gericht mit Leinöl verfeinert. Aus gutem Grund: Es ist reich an Omega-3-Fettsäuren, die wichtig für unser Herz-Kreislauf-System sind

KATRINCHEN70: „Kräuterfrischkäse bringt
noch mehr Würze in die Rouladenmischung."

Kohlrouladen mit Gemüse-Käse-Füllung ★★★✦

Pro Portion | **353 KCAL**

ZUTATEN 4 Portionen)

100 ml Milch

1 Brötchen vom Vortag

Salz, Pfeffer

8 große Blätter Weißkohl

1 rote Paprikaschote

200 g grüne Bohnen

2 kleine Zwiebeln

150 g Frischkäse

(z. B. mit Kräutern)

2 Tl Thymian

1 Ei (Kl. M)

2 El Butterschmalz

250 ml trockener Weißwein

1 Lorbeerblatt

½ Tl Pfefferkörner

2 Tl gemahlener Kümmel

1. Milch erwärmen, **Brötchen** darin einweichen. Einen Topf mit Salzwasser aufkochen, **Kohlblätter** darin 3 Min. köcheln, kalt abschrecken, auf einem Küchentuch abtropfen lassen und die Rippen flach schneiden.

2. Paprika und **Bohnen** putzen, waschen und klein würfeln. **Zwiebeln** fein hacken. 1 **Zwiebel**, **Frischkäse**, **Thymian**, **Ei**, ausgedrücktes **Brötchen**, **Paprika** und **Bohnen** in einer Schüssel verrühren. Auf dem unteren Drittel der **Kohlblätter** verteilen, aufrollen und mit Küchengarn zu einem Päckchen verschnüren.

3. 1 El **Butterschmalz** in einem Schmortopf erhitzen. Rouladen darin rundherum braun braten. Mit **Wein** ablöschen, knapp mit Wasser bedecken, **Lorbee**r und **Pfefferkörner** dazugeben und im heißen Ofen bei 180 Grad (Umluft 160 Grad) 30 Min. garen. Rouladen herausnehmen, warm stellen. Restliche **Zwiebel** in restlichem 1 El **Butterschmalz** goldgelb dünsten, **Kümmel** und **Rouladenfond** dazugeben, einkochen und mit **Salz** und **Pfeffer** abschmecken. Mit den Kohlrouladen servieren.

4. Dazu passen Kartoffeln oder auch Röstkartoffeln.

Tipp

Veggie inside: Statt klassischem Hackfleisch überrascht cremiger Frischkäse mit Bohnen und Paprika.

Hauptgerichte mit Fleisch

Feines Kalbsragout ★★★★⭒

`Pro Portion`   448 KCAL

ZUTATEN (4 Portionen)

250 g Champignons

1 große Zwiebel

50 g Butter

500 g Kalbsgulasch

Salz, Pfeffer aus der Mühle

2 El Mehl

100 ml Weißwein

200 ml Kalbsfond oder
Fleischbrühe

1 großes Lorbeerblatt

1–2 Tl getrockneter Thymian

1 Eigelb (Kl. M)

200 ml Schlagsahne

1 Prise Muskat

1. **Champignons** putzen und in Scheiben schneiden.
Zwiebel fein würfeln. **Butter** in einer Pfanne erhitzen,
Zwiebel darin glasig dünsten. **Fleisch** zugeben, ringsum
leicht anbraten. **Pilze** ca. 5 Min. mitbraten. Mit **Salz** und
Pfeffer würzen.

2. Fleisch-Pilz-Mischung mit **Mehl** bestäuben, kurz
anschwitzen. Mit **Wein** ablöschen, **Kalbsfond** zugießen.
Lorbeerblatt und **Thymian** zugeben. Ragout zugedeckt
bei milder Hitze 30–40 Min. (je nach Größe der Fleisch-
stücke) gar ziehen lassen. Eventuell zwischendurch noch
etwas Flüssigkeit **(Fond** oder **Brühe)** angießen.

3. **Eigelb** und **Sahne** verquirlen, nach und nach unter das
Ragout mischen (nicht mehr kochen, sonst stockt das Ei).
Mit **Salz**, **Pfeffer** und **Muskat** abschmecken.

4. Dazu passen Bandnudeln, Reis oder Kartoffeln.

NORMAL

20 Min. +
30 Min.
Garzeit

LUZIO4: „Tolles Rezept. Habe die Sauce noch mit Zitronensaft und
Worcestersauce abgeschmeckt."

NORMAL

3 Std. +
3–4 Tage
Marinier-
zeit

ABC_ABC: „Habe die Rosinen zum Schluss rausgesiebt, für den Saucengeschmack müssen sie aber erst mal mit rein."

Sauerbraten ★★★★

Pro Portion   563 KCAL

ZUTATEN (6 Portionen)

200 g Möhren

200 g Knollensellerie

300 g Zwiebeln

5 Stiele Thymian

3 Lorbeerblätter

2 Tl schwarze Pfefferkörner

5 Wacholderbeeren

3 Gewürznelken

1,8 kg Rinderbraten

300 ml Rotwein

250 ml Rotweinessig

Salz, Pfeffer

4 El Öl

1 El Tomatenmark

400 ml Rinderbrühe

2 Tl Speisestärke

30 g braune Kuchen
(z. B. „Kemm'sche Kuchen")

100 g Sultaninen

2-3 Tl Johannisbeergelee

1. **Möhren**, **Sellerie** und **Zwiebeln** würfeln. Mit **Thymian**, **Lorbeer**, **Pfeffer**, **Wacholder** und **Nelken** in 1 l Wasser in einem Topf aufkochen. Vom Herd nehmen und abkühlen lassen.

2. **Braten** in einer Schüssel mit abgekühltem Gemüsewasser bedecken. **Rotwein** und **Essig** mischen und dazugießen. Braten mit Folie abgedeckt 3-4 Tage im Kühlschrank marinieren und zwischendurch einmal wenden.

3. Braten aus der Marinade nehmen. Gut abtropfen lassen und mit Küchenpapier trocken tupfen. Marinade durch ein Sieb gießen. Gemüse sehr gut abtropfen lassen. Marinade in einem Messbecher beiseitestellen.

4. **Fleisch** rundherum mit Salz und Pfeffer würzen. **Öl** in einem Bräter erhitzen. Fleisch darin rundherum anbraten, herausnehmen. Gemüse darin hellbraun anbraten. **Tomatenmark** zugeben und unter Rühren kurz mitbraten.

5. Mit 300 ml Marinade ablöschen und fast vollständig einkochen. Braten zugeben. Mit restlicher Marinade und **Rinderbrühe** auffüllen. Braten im Sud aufkochen. Zugedeckt im heißen Ofen bei 180 Grad (Umluft 160 Grad) auf der untersten Schiene 2 ½ Std. garen.

6. Braten vorsichtig aus dem Bräter heben. Warm halten. Sauce durch ein feines Sieb in einen Topf gießen. Gemüse leicht durch das Sieb drücken. **Stärke** mit etwas kaltem Wasser glatt rühren.

7. **Braune Kuchen** in einem Gefrierbeutel mit einer Nudelholz zerbröseln. Sauce mit **Stärke** binden. **Sultaninen** und Kuchenbrösel zugeben, aufkochen. Sauce mit **Johannisbeergelee**, **Salz** und **Pfeffer** abschmecken.

8. Braten quer zur Faser in Scheiben schneiden, in der Sauce erwärmen. Dazu passen Kartoffelklöße.

Hirschbraten in Rotwein-Kirsch-Sauce ★★★★⤦

Pro Portion **487 KCAL**

ZUTATEN (4 Portionen)

1 Glas Sauerkirschen (720 ml)

1 Zwiebel

1½ kg Hirschkeule

Salz, Pfeffer

1-2 Tl Wildgewürz

5 El Öl

250 ml trockener Rotwein

400 ml Wildfond (Glas)

100 g Crème fraîche

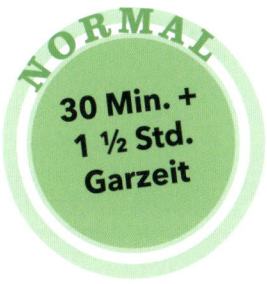

NORMAL
30 Min. +
1 ½ Std.
Garzeit

1. **Kirschen** abtropfen lassen, dabei für die Sauce 200 ml Saft auffangen. 200 g Kirschen beiseitestellen, restliche Kirschen und den restlichen Saft anderweitig verwenden.

2. **Zwiebel** würfeln. **Fleisch** mit **Salz, Pfeffer** und **Wildgewürz** einreiben. **Öl** in einem Bräter erhitzen, **Fleisch** darin bei starker Hitze rundherum anbraten, herausnehmen.

3. **Zwiebel** im Bratfett goldbraun andünsten. **Kirschsaft** und **Rotwein** nach und nach angießen, jeweils auf ein Drittel der ursprünglichen Menge einkochen lassen. **Wildfond** zugeben und aufkochen. Fleisch in die Sauce legen, abgedeckt im heißen Ofen bei 200 Grad (Umluft 180 Grad) 45 Min. schmoren. Fleisch wenden, weitere 45 Min. schmoren.

4. Hirschbraten aus der Sauce nehmen, abgedeckt beiseitestellen. **Crème fraîche** zur Sauce geben, **Kirschen** zufügen und erhitzen. Sauce mit **Salz**, **Pfeffer** und **Wildgewürz** abschmecken. Braten in Scheiben schneiden und mit der Kirschsauce anrichten.

5. Dazu passen Kartoffelknödel oder Spätzle und Rotkohl (s. Seite 18) oder Feldsalat.

TOPFERLGUCKER: „Dazu gab es selbst gemachte Eierspätzle, Karotten, Brokkoli."

Tipp Reste vom Braten am nächsten Tag als Aufschnitt verwenden.

FRECHEZICKE: „Den Bratensaft habe ich mit Weißwein abgelöschtund mit Sahne gebunden."

Schweinebraten mit Kräuter-Senf-Kruste ★★★★★

Pro Portion   438 KCAL

ZUTATEN (6 Portionen)

2 Knoblauchzehen

2 Zwiebeln

3 Scheiben Toastbrot

½ **Bund** Petersilie

1 **Pck.** TK-gemischte-Kräuter (75 g) oder **75 g** frische Kräuter

2 gehäufte **El** mittelscharfer Senf

2 **El** weiche Butter

Salz, Pfeffer

1 **El** Öl

1 ½ **kg** Schweinerückenbraten

1. **Knoblauch**, **Zwiebeln** und **Toastbrot** klein würfeln. **Petersilienblätter** fein schneiden.

2. **Zwiebeln**, **Knoblauch**, alle **Kräuter**, **Brot**, **Senf** und **Butter** in einer Schüssel gut verrühren. Masse mit **Salz** und **Pfeffer** abschmecken.

3. **Öl** in einen Bräter geben. **Schweinerücken** rundum mit **Salz** würzen, in den Bräter legen und mit der Senf-Kräuter-Masse bestreichen. Im heißen Ofen bei 200 Grad (Umluft 180 Grad) 60 Min. braten. Ofentemperatur auf 150 Grad reduzieren und weitere 30 Min. braten.

4. Dazu passt Baguette oder Ciabatta und grüner Salat. Als Kräuter bieten sich Bärlauch, Salbei, Rosmarin, Basilikum, Majoran und Oregano an.

NORMAL
40 Min. +
1 ½ Std.
Garzeit

Tipp

Mengenlehre: Im Originalrezept wird das Fleisch mit der doppelten Menge der Senf-Kräuter-Masse bestrichen. Da diese während des Bratens leicht ins Rutschen kommt, haben wir sie reduziert und nur auf der Oberfläche des Schweinerückens aufgetragen.

Rotweinbraten ★★★★

Pro Portion   693 KCAL

ZUTATEN (4 Portionen)

1½ kg Rindfleisch
(z. B. Tafelspitz)

1 l trockener Rotwein

1 große Zwiebel

2 Möhren

200 g Knollensellerie

1 Stange Lauch

1 Knoblauchzehe

2 Scheiben Toastbrot

2 El Öl

40 ml Calvados

¼ Zimtstange

10 Pfefferkörner

5 Nelken

1 Tl gelbe Senfkörner

2 Lorbeerblätter

5 Pimentkörner

Salz, Pfeffer

1. **Fleisch** trocken tupfen und mit **Rotwein** in einer Schale 2 Tage marinieren.

2. **Zwiebel**, **Möhren**, **Sellerie**, **Lauch** und **Knoblauch** putzen, eventuell schälen und in kleine Würfel schneiden. **Toast** in 1 cm große Würfel schneiden.

3. Fleisch aus dem Wein nehmen, Wein behalten. Fleisch trocken tupfen und in einem Bräter in 2 El **Öl** anbraten.

4. Gemüse zugeben und braun anrösten. Mit Rotweinmarinade ablöschen. **Brotwürfel** und **Calvados** zugeben.

5. Gewürze im Mörser grob zerkleinern, in einen Teebeutel füllen und zum Fleisch geben. Alles 1½ Std. schmoren und dabei restliche Rotweinmarinade zugeben.

6. Fleisch herausnehmen, die Sauce mit **Salz** und **Pfeffer** abschmecken, nach Belieben pürieren. Braten aufschneiden.

7. Dazu passen Spätzle und Rotkohl (s. Seite 18).

ASTRID2016: „Sehr lecker und superzart. Ich habe einen halben Liter Brühe ergänzt, um noch mehr Sauce zu haben. Wirklich extrem gut."

Königsberger Klopse ★★★★⵿

`Pro Portion` 480 KCAL

ZUTATEN (4 Portionen)

800 g Kalbshackfleisch oder gemischtes Hack

1 Ei (Kl. M)

50 g Semmelbrösel

1 El Senf

Salz, Pfeffer

1 l Gemüsebrühe

1 Lorbeerblatt

40 g Butter

30 g Mehl

50 ml Weißwein

200 ml Schlagsahne

1 El Kapern

1 El Kapern-flüssigkeit (Glas)

Abrieb von ½ Bio-Zitrone

1 El Zitronensaft

1 Prise Zucker

2-3 El gehackte Petersilie

1. **Hack** mit **Ei**, **Semmelbröseln**, **Sen**f, **Salz** und **Pfeffer** verkneten. Aus der Masse 12 Klöße formen.

2. **Brühe** mit **Lorbeer** aufkochen, die **Klopse** hineingeben und 15–18 Min. gar ziehen lassen. Herausnehmen. 600 ml **Kochbrühe** abmessen.

3. **Butter** in einer Pfanne erhitzen, **Mehl** darin anschwitzen. Unter Rühren **Wein**, abgemessene **Brühe** und **Sahne** angießen, aufkochen. Bei milder Hitze 6–8 Min. köcheln lassen.

4. **Kapern** und -**flüssigkeit** sowie **Zitronenschale** und -**saft** zugeben. Sauce mit **Salz**, **Pfeffer** und **Zucker** würzen. Klopse darin erhitzen und mit **Petersilie** bestreuen.

SALZA: „Ich gebe noch zwei Sardellen aus dem Glas in den Klopsteig."

**30 Min. +
30 Min.
Garzeit**

WEINWISSER: „Dazu haben wir einen
Riesling getrunken – die perfekte Kombination!"

Spargel mit Sauce Hollandaise, Schweinefilet und Kartoffelgratin

★★★★✦

`Pro Portion` 1204 KCAL

ZUTATEN (2 Portionen)

1 Knoblauchzehe

150 ml Milch

100 ml Schlagsahne

Salz, Pfeffer

2 Prisen frisch geriebene Muskatnuss

500 g mehligkochende Kartoffeln

500 g Spargel

190 g Butter

1 Prise Zucker

1 Schalotte

1 El Weißweinessig

60 ml Weißwein

1 Gewürznelke

1 Lorbeerblatt

1 El Öl

4 Schweinefilet-Medaillons (à 60–70 g)

2 Eigelb (Kl. M)

1. **Knoblauchzehe** andrücken, mit **Milch** und **Sahne** aufkochen. Salzen, pfeffern und mit **Muskat** würzen.

2. **Kartoffeln** schälen, in dünne Scheiben hobeln, mit der Milch vermengen und in einer Auflaufform verteilen.

3. **Spargel** schälen, die Enden abschneiden. In 2 Portionen mit je 20 g **Butterflöckchen** in Alufolie wickeln. Mit **Salz**, **Pfeffer** und **Zucker** würzen.

4. Kartoffelgratin und Spargelpäckchen im heißen Ofen nebeneinander bei 180 Grad (Umluft 160 Grad) ca. 45 Min. garen.

5. 150 g **Butter** in einem kleinen Topf aufschäumen. Durch ein mit einem Mulltuch ausgelegtes Sieb oder eine Papierfiltertüte gießen. Beiseitestellen.

6. **Schalotte** würfeln und in einem kleinen Topf mit **Essig**, **Wein**, **Nelke**, **Lorbeer**, **Salz** und **Pfeffer** zum Kochen bringen. Auf die Hälfte einkochen lassen. Würzsud durchsieben.

7. 1 El **Öl** in einer ofenfesten Pfanne erhitzen. **Medaillons** darin von jeder Seite ca. 1 Min. kräftig anbraten und im heißen Ofen ca. 10 Min. gar ziehen lassen. Gratin evtl. vorher herausnehmen und abgedeckt beiseitestellen.

8. Würzsud und **Eigelb** in einer Metallschüssel über einem heißen Wasserbad dickcremig aufschlagen.

9. Unter ständigem Schlagen die flüssige **Butter** erst tröpfchenweise, dann in dünnem Strahl zufügen. (Vorsicht, nicht zu heiß, sonst gibt es Rührei.)

10. Schüssel vom Wasserbad nehmen, Sauce Hollandaise salzen und pfeffern. Filet herausnehmen und mit **Salz** und **Pfeffer** würzen. Alles anrichten.

Grünkohl mit Kasseler und Mettenden ★★★★⭒

Pro Portion 990 KCAL

ZUTATEN (4 Portionen)

2 Zwiebeln

2 El Butterschmalz

4 Scheiben durchwachsener Speck (à 60 g)

1 kg TK-Grünkohl

400 ml Gemüsebrühe

Salz, Pfeffer

1 El Senf

4 Kochwürste (Mettenden und/oder Pinkelwürste)

4 Scheiben Kasselerkotelett (à 120 g, ohne Knochen)

750 g kleine Kartoffeln

2 El Butter

2 El Kartoffelmehl oder Haferflocken

1-2 Prisen Muskat

1. **Zwiebeln** würfeln. **Schmalz** in einem Bräter erhitzen. **Zwiebelwürfel** und **Speckscheiben** darin 3-5 Min. anbraten. **Grünkohl** zufügen, ca. 5 Min. andünsten.

2. Hälfte der **Brühe**, etwas **Salz**, **Pfeffer** und **Senf** zufügen, alles zum Kochen bringen. Zugedeckt bei milder Hitze ca. 45 Min. garen. **Würste** zugeben, eventuell etwas **Brühe** nachgießen. Weitere 30 Min. garen. Vom Herd nehmen, mindestens 6 Std. oder über Nacht durchziehen lassen.

3. **Kohl** wieder zum Kochen bringen, restliche Brühe dazugießen, **Kasseler** zufügen. Zugedeckt bei milder Hitze ca. 20 Min. garen.

4. **Kartoffeln** ungeschält ca. 20 Min. in Salzwasser garen, abgießen. In einer Pfanne in heißer **Butter** rundherum goldbraun anbraten.

5. **Kasseler**, **Würste** und **Speck** aus dem Kohl nehmen. **Kohl** mit **Kartoffelmehl** binden, mit **Salz**, **Pfeffer** und **Muskat** abschmecken. Mit Kartoffeln, Kasseler, Speck und Würsten anrichten.

NORMAL
30 Min. +
1 ¼ Std.
Kochzeit +
6 Std.
Ruhezeit

Sauerbraten nach Omas Rezept

★★★★☆

Pro Portion 315 KCAL

ZUTATEN (6 Portionen)

1 Bund Suppengrün

500 ml Essig (z. B. Branntwein- oder Rotweinessig)

Salz, Pfeffer aus der Mühle

1 Lorbeerblatt

½ Tl Pfefferkörner

2 Gewürznelken

1 Zitronenscheibe

1½ kg Rinderbraten (aus der Schulter)

300 g Zwiebeln

2 El Öl

500 ml Rindfleischbrühe

1 El Speisestärke

NORMAL

2½ Std. + 4 Tage Marinier- zeit

1. Zunächst ½ Bund **Suppengrün** putzen, grob würfeln. Restliches **Suppengrün** in Frischhaltefolie wickeln und ins Gemüsefach des Kühlschranks legen.

2. **Essig**, 250 ml Wasser und 2 El **Salz** aufkochen, zerkleinertes **Suppengrün**, **Gewürze u**nd **Zitrone** zufügen, Sud abkühlen lassen.

3. **Fleisch** in eine Schüssel legen, mit Sud bedecken. Zugedeckt an einem kühlen Ort 4 Tage beizen, dabei täglich wenden.

4. Restliches **Suppengrün** putzen und klein würfeln. **Zwiebeln** fein schneiden. Fleisch aus der Marinade nehmen, trocken tupfen. **Öl** in einem Bräter erhitzen, Fleisch darin rundherum kräftig anbraten, herausnehmen. **Suppengrün** und **Zwiebeln** im Bratfett anbraten, mit **Brühe** ablöschen. 100–200 ml Marinade (nach Geschmack) zufügen, Fleisch hineingeben, aufkochen. Zugedeckt bei milder Hitze 2 Std. schmoren.

5. Fleisch aus der Sauce nehmen, warmhalten. Sauce nach Belieben durchsieben, auf 450 ml einkochen lassen. Mit in kaltem Wasser angerührter **Stärke** binden. Fleisch in Scheiben schneiden und mit der Sauce servieren.

6. Dazu passen Knödel und Rotkohl (s. Seite 18).

HEXLEIN08: „In der Sauce noch einen Saucenlebkuchen mitkochen, schmeckt auch wunderbar.“

Fränkischer Schweinebraten

★★★★⌐

Pro Portion 794 KCAL

ZUTATEN (4 Portionen)

1,5 kg magerer Schweinebauch mit Knochen

½ Bund Suppengemüse

1 kleiner Apfel

1 Zwiebel

Salz, Pfeffer aus der Mühle

½ Tl getrockneter Majoran

1–2 Prisen gemahlener Kümmel

250 ml helles Hefeweizen

NORMAL

20 Min. + 4 Std. Garzeit

1. Die Schwarte des **Schweinebauchs** mit einem scharfen Messer kreuzweise einschneiden, sodass kleine Rechtecke entstehen. Dabei das Fleisch nicht einschneiden. Fleisch auf der Unterseite entlang der Knochen einschneiden, damit sie sich später leicht lösen lassen.

2. **Suppengrün** putzen und falls nötig schälen. **Suppengrün**, **Apfel** und **Zwiebel** in grobe Stücke schneiden und in einem Bräter verteilen.

3. **Braten** von allen Seiten großzügig mit **Salz** einreiben. Auf das Gemüse legen und im heißen Ofen bei 150 Grad (Umluft 130 Grad) ca. 3 Std. braten. Dabei nicht mit Bratensud übergießen.

4. Bratensud pfeffern, mit **Majoran** und **Kümmel** würzen (Fleisch dabei nicht mitwürzen). **Weizenbier** angießen (nicht über das Fleisch), weitere 30 Min. braten.

5. Temperatur auf 220 Grad (Umluft 200 Grad) erhöhen, Kruste 20–30 Min. knusprig braten. Braten aus der Sauce nehmen, auf ein Schneidbrett legen und 5 Min. ruhen lassen.

6. Sauce durch ein Sieb in einen Topf passieren, ca. 200 ml Wasser dazugeben, einmal aufkochen. Mit **Salz** und **Pfeffer** abschmecken.

7. Knochen aus dem Fleisch lösen. Braten in Scheiben schneiden und mit der Sauce servieren.

8. Dazu passen Kartoffelklöße und Wirsing.

Supersaftiger Hackbraten ★★★★✦

Pro Portion   655 KCAL

ZUTATEN (4 Portionen)

1 ½ altbackene Brötchen

2 Gewürzgurken

2 kleine Zwiebeln

1 kleines **Bund** Petersilie

5 **El** Butter

600 g gemischtes Hackfleisch

2 Eier (Kl. S)

2 **El** Zitronensaft

Salz, Pfeffer

Cayennepfeffer

125 ml Fleischbrühe

125 ml Sahne

1 **El** Crème fraîche

1 **Tl** edelsüßes Paprikapulver

1. **Brötchen** in Scheiben schneiden, mit Wasser übergießen und einweichen. **Gewürzgurken** und **Zwiebeln** fein würfeln. **Petersilienblätter** abzupfen und fein hacken.

2. 1 El **Butter** erhitzen, **Zwiebeln** darin glasig dünsten. **Petersilie** hinzugeben und die Mischung mit dem ausgedrückten **Brötchen**, **Gewürzgurken**, **Hackfleisch**, **Eiern** und **Zitronensaf**t in eine Schüssel geben. Alles mit **Salz**, **Cayennepfeffer** und **Pfeffer** würzen und kräftig durchkneten.

3. Restliche **Butter** schmelzen, eine Form fetten. Fleischteig zu einem Laib formen und in die Form legen. Im heißen Ofen bei 200 Grad (Umluft 180 Grad) auf der untersten Schiene 30 Min. backen, zwischendurch mit **Butter** bestreichen.

4. **Fleischbrühe** erhitzen und mit **Sahne**, **Crème fraîche** und **Paprikapulver** verrühren. (Wer viel Sauce mag, kann die Menge einfach verdoppeln). Sauce über den Hackbraten gießen und weitere 10–15 Min. garen.

5. Dazu passen Kartoffelstampf und grüne Speckbohnen.

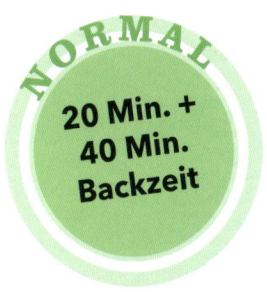

NORMAL

20 Min. +
40 Min.
Backzeit

CHRIS_262: „Ich habe noch etwas Knoblauch und kleingewürfelten Schafskäse hinzugegeben."

Linsen mit Spätzle ★★★★★

Pro Portion 1525 KCAL

ZUTATEN (4 Portionen)

500 g braune Linsen
(am besten kleine Alblinsen)

1 Zwiebel

1 Knoblauchzehe

200 g durchwachsener Speck
(in dünnen Streifen oder
gewürfelt)

70 g Tomatenmark

50 ml Rotwein

2 l milde Fleischbrühe

3 Lorbeerblätter

2 Gewürznelken

4 Paar Würstchen (Saiten-
würstle oder Wiener)

Essig nach Geschmack

Salz, Pfeffer

evtl. etwas Petersilie zum
Garnieren

Für die Spätzle

6 Eier (Kl. M)

600 g Spätzlemehl (doppel-
griffiges Mehl, Weizendunst)
oder **500 g** Weizenmehl
(Type 405)

100 g Hartweizengrieß

Salz

1. **Linsen** in ein Sieb geben, mit kaltem Wasser abspülen und abtropfen lassen.

2. **Zwiebel** und **Knoblauch** fein würfeln. In einem Topf **Speck** leicht anbraten, **Zwiebel** und **Knoblauch** zugeben und glasig dünsten. **Tomatenmark** unterrühren und kurz mitbraten. Mit **Rotwein** ablöschen und fast vollständig einkochen lassen. **Brühe** angießen, **Lorbeerblätte**r, **Nelken** und **Linsen** zugeben. Zum Kochen bringen und zugedeckt 40 Min. garen. Alternativ Linsen im Schnell-kochtopf auf Stufe 2 (Herstelleranweisung beachten!) 10-15 Minuten garen.

3. Für die Spätzle **Eier** verquirlen. **Mehl**, 1 gehäuften Tl **Salz**, **Eier** und 150 ml kaltes Wasser mit den Knethaken des Handrührers oder in der Küchenmaschine zu einem glatten Teig verarbeiten. Dabei so viel Wasser zufügen, dass ein geschmeidiger, zähflüssiger Teig entsteht. Wei-terschlagen, bis der Teig Blasen wirft.

4. In einem weiten Topf reichlich Salzwasser aufko-chen. Spätzleteig portionsweise auf einem Spätzlebrett verstreichen und mit einem Teigschaber oder großen Messer direkt ins kochende Wasser schaben. Alternativ den Teig durch eine Spätzlepresse ins kochende Was-ser drücken. Spätzle einmal aufkochen lassen, mit einer Schaumkelle herausnehmen, gut abtropfen lassen und in eine ofenfeste Form geben. Im heißen Ofen bei 80-100 Grad zugedeckt warm stellen, bis alle Spätzle fertig sind.

5. **Würstchen** in einem Topf in siedendem Salzwasser erhitzen (nicht kochen lassen).

6. Linsen mit **Salz**, **Pfeffer** und **Essig** abschmecken, mit Würstchen und Spätzle anrichten. Nach Belieben mit etwas fein geschnittener **Petersilie** garnieren.

PAULINCHEN2012: „Wenn man sich an dieses Rezept hält, ist 's ein Kinderspiel."

Schwäbischer Zwiebelrostbraten

★ ★ ★ ★ ✦

`Pro Portion`   357 KCAL

ZUTATEN (2 Portionen)

2 El Butterschmalz

2 Scheiben Roastbeef mit Fettrand (à 3 cm dick; 2 Std. vor Zubereitung aus dem Kühlschrank nehmen)

Salz, Pfeffer aus der Mühle

3 mittelgroße Zwiebeln

1 El Mehl

200 ml Rotwein (z. B. Trollinger)

300 ml Rinderfond

NORMAL

45 Min.

1. Ofen auf 80 Grad (Umluft nicht empfehlenswert) vorheizen, dabei einen großen Teller auf den Ofenboden stellen und den Rost auf mittlerer Schiene einschieben.

2. 1 El **Butterschmalz** in einer Pfanne stark erhitzen. **Fleisch** salzen und darin von jeder Seite 1 ½ Min. anbraten. Mit **Pfeffer** würzen, auf den Rost des heißen Ofens (über den Teller) legen und 30 Min. garen.

3. In der Zwischenzeit **Zwiebeln** in Ringe schneiden. 1 El **Butterschmalz** in einer Pfanne nicht zu stark erhitzen und **Zwiebeln** darin 15 Min. unter Rühren andünsten, bis sie weich und goldbraun sind. **Zwiebeln** auf Küchenpapier abtropfen lassen, in Alufolie wickeln und im heißen Ofen warmhalten.

4. Hitze der Pfanne reduzieren, **Mehl** ins Bratfett geben und kurz anschwitzen. **Rotwein** unter Rühren mit einem Schneebesen nach und nach zugießen, dabei den Bratsatz lösen. **Wein** kurz aufkochen, **Rinderfond** angießen und die Sauce sämig einkochen lassen. Mit **Salz** und **Pfeffer** abschmecken.

5. Rostbraten mit Zwiebeln und Sauce anrichten.

6. Dazu passen Spätzle, Bratkartoffeln oder Pommes.

Tipp

Das Fett bleibt dran: Den Fettrand der Steaks erst nach dem Garen entfernen, denn er hält das Fleisch schön saftig. Damit sich die Steaks in der Pfannenhitze nicht wölben, Fettrand vor dem Braten mit einem scharfen Messer mehrmals einschneiden.

Thüringer Rostbrätl ★★★★

Pro Portion   324 KCAL

ZUTATEN (6 Portionen)

1 große Zwiebel

6 Scheiben Schweinenacken
(Nackenkamm, ohne Knochen)

Salz, Pfeffer

ca. **200 ml** Senf

500 ml Schwarzbier, Alt- oder
Malzbier

1. **Zwiebel** in dünne Scheiben schneiden. **Fleisch** mit **Salz** und **Pfeffer** würzen, auf beiden Seiten mit **Senf** bestreichen und abwechselnd mit der Zwiebel in eine große Schüssel schichten. So viel **Bier** dazugießen, dass das Fleisch bedeckt ist. Fleisch zugedeckt im Kühlschrank 1 Tag marinieren lassen.

2. Fleisch aus der Marinade nehmen und auf dem heißen Grill von beiden Seiten schön braun grillen.

3. Dazu passen Brötchen oder Brot und Senf.

SIMPEL

30 Min. +
20 Min.
Backzeit

PLEPPS: „Meine Uroma aus Thüringen hat noch ein wenig Majoran dazugetan. Das ist für mich ein Muss."

NORMAL

30 Min. +
1¼ Std.
Garzeit

Geschmortes Schweinefleisch

Pro Portion   600 KCAL

ZUTATEN (4 Portionen)

1 kg Schweinenacken
Salz, Pfeffer
evtl. **½ Tl** gemahlener
Kümmel
1 Zwiebel
2 Möhren
150 g Knollensellerie
½ Stange Lauch
1 El Maiskeimöl oder
Sonnenblumenöl
1 El Schweine- oder
Butterschmalz
1 El Tomatenmark
375 ml Fleischbrühe
150 ml dunkles Bier
(z.B. Schwarzbier)

1. Fleisch mit **Salz**, **Pfeffer** und nach Belieben **Kümmel** einreiben. **Zwiebel** würfeln. **Möhren** und **Sellerie** schälen und würfeln. **Lauch** putzen und fein schneiden.

2. **Öl** und **Schmalz** in einem Schmortopf erhitzen, **Fleisch** darin rundherum kräftig anbraten, herausnehmen. **Zwiebel** im Bratfett braun anbraten, aber nicht zu dunkel werden lassen. Gemüse zufügen und kräftig anbraten. **Tomatenmark** unterrühren, kurz mitbraten. Mit **Brühe** und **Bier** ablöschen, aufkochen.

3. Fleisch in die Sauce legen und zugedeckt bei milder Hitze 1 ¼–1 ½ Std. schmoren. Herausnehmen, in Alufolie wickeln und beiseitestellen.

4. Bratensud durch ein Sieb in einen Topf gießen und so viel von dem Gemüse durchpassieren, bis die Sauce die gewünschte Konsistenz erreicht hat. Sauce mit **Salz**, **Pfeffer** und nach Belieben **Kümmel** abschmecken. Fleisch in Scheiben schneiden, wieder in die Sauce legen und kurz durchziehen lassen.

5. Dazu passen Spätzle oder Semmelknödel.

FATZI: „Statt Tomatenmark nehme ich weiche Tomaten, die wegmüssen, und Knoblauchzehen müssen auch mit rein!"

NORMAL

20 Min.

Putengeschnetzeltes mit Mascarpone-Sauce ★★★★✦

Pro Portion   450 KCAL

ZUTATEN (4 Portionen)

500 g Putenbrustfilet
1-2 El Öl
1 mittelgroße Zucchini
1 rote Paprikaschote
2 Möhren
150 g Brokkoli
2 El Tomatenmark
250 g Mascarpone
etwas Milch
Salz, Pfeffer aus der Mühle

1. **Fleisch** waschen, trocken tupfen und in Streifen schneiden. **Öl** in einer Pfanne erhitzen, Fleisch darin ca. 10 Min. braten.

2. **Zucchini**, **Paprika**, **Möhren** und **Brokkoli** putzen und klein schneiden bzw. in Röschen teilen. Zum Fleisch geben, ca. 5 Min. mitbraten. **Tomatenmark** unterrühren, kurz anschmoren.

3. **Mascarpone** unterrühren, Sauce mit **Milch** etwas geschmeidiger rühren. Sauce aufkochen, mit **Salz** und **Pfeffer** abschmecken.

4. Dazu passt Reis.

TWETTI: „Auch sehr lecker, wenn man die Milch durch Kokosmilch ersetzt."

Tipp   **Auf die weiche Tour:** Nach der Bratzeit von 5 Minuten sind Möhren und Brokkoli noch schön bissfest. Wer's lieber weicher mag, kann sie in kochendem Salzwasser 3–5 Minuten vorgaren. Und noch eine Variationsidee: Etwas fettreduzierter, aber genauso lecker wird es mit Mascarpone light.

Express-Variante:
Mit fertiger Hühnerbrühe und
Filets können Sie direkt ab
Schritt 3 loskochen.

Tipp

Aromatisches Sträußchen: Für ein Bouquet garni werden verschiedene
Kräuter (je nach Rezept) mit Küchengarn zusammengebunden und später
ganz einfach wieder herausgenommen. Hier nehmen wir Thymian, Rosmarin
und Majoran.

Hühnerfrikassee mit Spargel und Pilzen ★★★★⸝

Pro Portion   871 KCAL

ZUTATEN (4 Portionen)

Für Huhn und Brühe

1 Huhn (1,8 kg)

½ Stange Lauch

½ Knollensellerie

2 Möhren

1 Gemüsezwiebel

1 Tl Wacholderbeeren

1 Tl Pimentkörner

1 Tl Pfefferkörner

3 Lorbeerblätter

2 Knoblauchzehen

1 Bouquet garni (siehe Tipp)

Salz

Für die Gemüseeinlage

200 g Champignons

1 Zwiebel

200 g Möhren

400 g weißer Spargel

1 El Öl

150 g TK-Erbsen

Für die Béchamelsauce

½ Knollensellerie

1 Möhre

¼ Stange Lauch

1 Zwiebel

1 Knoblauchzehe

100 g Butter

50 g Mehl

1 Tl Pimentkörner

1 Tl schwarze Pfefferkörner

1 Lorbeerblatt

2 **Stiele** Thymian

2 **Zweige** Rosmarin

200 ml Schlagsahne

Salz, Pfeffer

1. **Huhn** in einen großen Topf geben. **Lauch**, **Sellerie**, **Möhren** und **Zwiebel** putzen bzw. schälen und in grobe Stücke schneiden. Gemüse mit **Wacholder**, **Gewürzkörnern**, **Lorbeer**, angedrücktem **Knoblauch** und **Bouquet** garni zum Huhn geben. Mit Wasser bedecken, aufkochen und bei milder Hitze mit leicht geöffnetem Deckel 1 ½–2 Std. garen.

2. Huhn aus dem Topf heben und etwas abkühlen lassen. Haut entfernen, Fleisch von den Knochen lösen und in mundgerechte Stücke zupfen oder schneiden. Brühe durch ein Sieb in einen anderen Topf gießen, 1 ½ l abmessen, salzen und beiseitestellen.

3. Für die Gemüseeinlage **Pilze**, **Zwiebel**, **Möhren** und **Spargel** putzen bzw. schälen und in mundgerechte Stücke schneiden. **Öl** in einem Topf erhitzen, Gemüse und Hühnerfleisch darin kurz andünsten. Mit 1 l **Hühnerbrühe** ablöschen, aufkochen und 10 Min. köcheln lassen.

4. Nach 7–8 Min. **Erbsen** zugeben.

5. Für die Béchamelsauce **Sellerie**, **Möhre**, **Lauch**, **Zwiebel** und **Knoblauch** putzen oder schälen und in kleine Stücke schneiden. **Butter** in einem Topf erhitzen, Gemüse darin 3–4 Min. andünsten. Mit **Mehl** bestäuben und unter Rühren anschwitzen. Mit 500 ml **Brühe** ablöschen und unter Rühren aufkochen. **Gewürze** und **Kräuter** zufügen, Sauce 5–10 Min. köcheln lassen, dabei gelegentlich umrühren.

6. **Béchamelsauce** durch ein Sieb in einen Topf gießen, **Sahne** unterrühren. Fleisch und Gemüse mit einer Schaumkelle aus der Brühe heben (die Brühe anderweitig, z. B. für eine Suppe, verwenden) und in die Béchamelsauce geben. Frikassee mit **Salz** und **Pfeffer** abschmecken.

Geschmorte Putenkeule ★★★★⚡

| Pro Portion | 560 KCAL |

ZUTATEN (4 Portionen)

2 Zwiebeln

2 Möhren

1 Bund Suppengrün

½ Weißkohl (500 g)

1 Putenoberkeule (1,4 kg)

Salz, Pfeffer

2 El Öl

250 ml heiße Gemüsebrühe

1. **Zwiebeln** grob würfeln. **Möhren** schälen und grob würfeln. **Suppengrün** putzen und grob zerkleinern. **Weißkohl** putzen und in Streifen schneiden. **Putenoberkeule** waschen, trocken tupfen und mit **Salz** und **Pfeffer** würzen.

2. **Öl** in einem Bräter erhitzen, die Putenkeule darin rundherum anbraten. Herausnehmen. Gemüse im **Bratfett** 5 Min. anbraten, mit **Salz** und **Pfeffer** würzen. **Brühe** angießen. Fleisch auf das Gemüse legen und zugedeckt im heißen Ofen bei 200 Grad (Umluft 180 Grad) 2 Std. schmoren.

SIMPEL

30 Min. + 2 Std. Garzeit

Tipp

So geht's im Römertopf: Das Originalrezept des Users wird im Römertopf zubereitet. Dafür die Hälfte vom Gemüse in dem gewässerten Tontopf verteilen, Fleisch ohne Anbraten darauflegen, mit restlichem Gemüse bedecken. Topf zugedeckt in den kalten Ofen schieben und zwei Stunden schmoren.

Hauptgerichte mit Fisch

Matjes nach Hausfrauenart

Zanderfilet mit Kartoffelkruste

Kochfisch mit Senfsauce

Kabeljau aus dem Ofen

Matjes in Radieschencreme

BECCABOO: „Die Roten Beten habe ich gleich untergehoben."

Matjes nach Hausfrauenart ★★★★☆

Pro Portion 539 KCAL

ZUTATEN (4 Portionen)

1 kg Kartoffeln

2 säuerliche Äpfel
(z. B. Boskop)

4 Gewürzgurken

2 Zwiebeln

150 g saure Sahne

250 g Joghurt (1,5 % Fett)

1 Tl Senf

1 Tl grober Pfeffer

1 Tl Senfkörner

Salz, Pfeffer

1 Prise Zucker

4 Matjes-Doppelfilets
(à 80–90 g) oder **8** Matjesfilets

350 g eingelegte Rote Beten
(Glas)

1. **Kartoffeln** mit Schale in kochendem Wasser ca. 20 Min. garen. **Äpfel** vierteln und entkernen. **Äpfel**, **Gurken** und **Zwiebeln** fein würfeln.

2. **Saure Sahne** mit **Joghurt**, **Senf**, grobem **Pfeffer** und **Senfkörnern** verrühren. **Äpfel**, **Gurken** und **Zwiebeln** unterrühren. Sauce mit **Salz**, **Pfeffer** und **Zucker** abschmecken.

3. Kartoffeln abgießen, mit Matjesfilets, Sauce und Roten Beten anrichten.

GRAEFLEIN: „Ein klasse Rezept! Ich gebe noch ein wenig Essiggurkenwasser dazu."

Tipp

Keep cool: Wer Zeit hat, bedeckt die Matjes – nach Belieben in Stücke geschnitten – in einer Schüssel mit der Sauce und lässt sie einige Zeit im Kühlschrank durchziehen. So können sich die Aromen noch besser entfalten.

Zanderfilet mit Kartoffelkruste

Pro Portion   588 KCAL

ZUTATEN (4 Portionen)

2 Fenchelknollen (ca. 700 g)

4 El Butter

1 Knoblauchzehe

1 Zwiebel

Salz, Pfeffer

2 Schalotten

100 ml Weißwein

100 ml Fischfond (Glas) oder Gemüsebrühe

200 ml Schlagsahne

2–3 El trockener Wermut

2–3 El Senf

600 g Zanderfilet (küchenfertig)

300 g festkochende Kartoffeln

4 El Öl

1. **Fenchel** putzen, vierteln, in dünne Streifen schneiden. 2 El **Butter** in einer Pfanne erhitzen, **Fenchel** mit angedrückter **Knoblauchzehe** darin ca. 5 Min. anbraten. **Zwiebel** fein würfeln, zugeben, mit **Salz** und **Pfeffer** würzen und alles 5–10 Min. bissfest garen.

2. **Schalotten** fein würfeln. In 2 El heißer **Butter** andünsten. Mit **Wein** ablöschen, fast vollständig einkochen lassen. Fond zugeben, zur Hälfte einkochen lassen. **Sahne** angießen und aufkochen. Mit **Wermut**, **Senf** und **Salz** abschmecken.

3. **Fisch** waschen, trocken tupfen und in Portionsstücke schneiden. **Kartoffeln** schälen, raspeln oder in sehr dünne Stifte hobeln. Auf dem Fisch verteilen und gut andrucken. Im heißen Öl in einer Pfanne auf der Kartoffelseite ca. 4 Min. knusprig und gar braten.

4. Fisch vorsichtig wenden, 2–3 Min. fertig braten, salzen und pfeffern. Mit Fenchelgemüse und Senfsauce anrichten.

CHARITO: „Ich habe für die Sauce Grüner-Pfeffer-Senf verwendet und sie schon am Vortag gemacht.""

Kochfisch mit Senfsauce ★★★★☆

Pro Portion 395 KCAL

ZUTATEN (4 Portionen)

1 Bund Suppengrün

1 kleine Zwiebel

60 g Butter

Salz

3 Lorbeerblätter

½ Tl schwarze Pfefferkörner

½ Tl Senfkörner

4 Schellfisch- oder Kabeljau-filets (à 180 g)

40 g Mehl

150 ml Schlagsahne

½ Bund Dill

2–3 El mittelscharfer Senf

2 El Zitronensaft

1 Tl grob geschroteter bunter Pfeffer

1. **Suppengrün** putzen und klein schneiden. **Zwiebel** fein würfeln. 20 g **Butter** in einem Topf erhitzen, Suppengrün und Zwiebel darin 3 Min. andünsten. 1 l Wasser, 1 Tl **Salz**, **Lorbeerblätter**, **Pfeffer-** und **Senfkörner** zugeben, aufkochen und 5 Min. zugedeckt kochen lassen.

2. **Fisch** waschen, in den nicht mehr kochenden Sud geben und bei milder Hitze 10 Min. gar ziehen lassen. Fisch vorsichtig mit einer Schaumkelle herausnehmen. Sud durch ein Sieb gießen, 500 ml abmessen.

3. Für die Sauce restliche 40 g **Butter** in einem Topf erhitzen. **Mehl** zugeben und unter Rühren hellgelb anschwitzen. Unter ständigem Rühren mit dem Schnee-besen abgemessenen **Kochsud** und **Sahne** langsam dazugießen, dabei aufpassen, dass keine Klümpchen entstehen. Sauce 10 Min. köcheln lassen, gelegentlich umrühren.

4. **Dill** fein schneiden, mit dem **Senf** unter die Sauce rühren und mit **Zitronensaft** und **Salz** abschmecken. Fisch in der Senfsauce warm ziehen lassen, anrichten. Mit buntem **Pfeffer** bestreuen.

5. Dazu passen Reis oder Salzkartoffeln.

KATZENKIND: „Wir haben Schellfisch genommen und Reis dazu gemacht."

Kabeljau aus dem Ofen ★★★★✦

Pro Portion   298 KCAL

ZUTATEN (4 Portionen)

800 g Kabeljaufilet

Meersalz, Pfeffer aus der Mühle

100 g Kirschtomaten

1 Zucchini

1 Möhre

2–3 El Olivenöl

1 Bio-Zitrone

1 kleine **Handvoll** glatte Petersilie

SIMPEL

20 Min. +
35 Min.
Garzeit

1. **Kabeljau** waschen, trocken tupfen und in 2 Portionen schneiden. Mit **Salz** und **Pfeffer** würzen, in einen gefetteten Bräter oder in eine Auflaufform legen.

2. **Tomaten** halbieren. **Zucchini** putzen, längs halbieren und in Scheiben schneiden. **Möhre** schälen, in dünne Streifen hobeln oder schneiden.

3. Gemüse zwischen den Fischfilets in der Form verteilen, salzen und pfeffern. Alles mit **Olivenöl** beträufeln. **Zitrone** in Scheiben schneiden, Fisch damit belegen. **Petersilienblätter** abzupfen, auf dem Gemüse verteilen.

4. Form mit Deckel oder Alufolie verschließen. Fisch im heißen Ofen bei 200 Grad (Umluft 180 Grad) ca. 35 Min. garen.

5. Dazu passen Salz- oder Ofenkartoffeln.

Tipp

Pfannen-Quickie: Wer den Ofen nicht extra anheizen will, macht das Gericht einfach in der Pfanne: Gemüse im heißen Öl 5–10 Min. braten, würzen und mit Petersilie bestreuen. Fisch darauflegen und mit Zitronenscheiben belegen. Deckel auflegen, 15 Minuten gar ziehen lassen.

Matjes in Radieschencreme ★★★★

Pro Portion 501 KCAL

ZUTATEN (4 Portionen)

8 Matjesfilets
1 **Bund** Radieschen
100 g Gewürzgurken
½ **Bund** Schnittlauch
200 g saure Sahne
200 ml Schlagsahne
Salz, Pfeffer

1. **Matjes** waschen, trocken tupfen und in mundgerechte Stücke schneiden. **Radieschen** putzen. Radieschen in Scheiben schneiden, beiseitelegen. Rest Radieschen und **Gurken** fein würfeln, **Schnittlauch** in Röllchen schneiden.

2. Matjes, Radieschenwürfel, Gurken und Schnittlauch in eine Schüssel geben. **Saure Sahne** untermischen.

3. **Sahne** steif schlagen und unterheben. **Salzen**, **pfeffern** und mit Radieschenscheiben bestreuen.

4. Dazu passt Schwarzbrot.

SIMPEL
20 Min.

Tipp Statt geschlagener Sahne können Sie auch 150 g Crème fraîche unter die Creme mischen.

Nachtisch

Dänischer Milchreis – Risalamande

Bratapfelauflauf mit Marzipanguss

Erdbeerwindbeutel

Birnenkompott

Caramel Apple Pie mit Mandelkruste

Haselnuss-Gewürzkuchen

Rhabarber-Apfel-Käsekuchen mit Haferflockenstreuseln

Apfelkuchen mit Marzipan

CK_PRINT-MAGAZIN: „Tolle Idee für Kinder mit der versteckten Mandel … Ich habe noch etwas mehr Milch gebraucht."

Dänischer Milchreis – Risalamande ★★★★☆

VEGGIE

Pro Portion | 511 KCAL

ZUTATEN (6 Portionen)

1 l Milch
Salz
1 Vanilleschote
250 g Milchreis
250 ml Schlagsahne
75 g Zucker
75 g gehackte Mandeln
1 ganze Mandel
(siehe Info)

1. **Milch** und 1 Prise **Salz** in einen großen Topf geben, unter Rühren aufkochen. Topf vom Herd nehmen. **Vanilleschote** längs aufschlitzen, das Mark herauskratzen. Mark und Schote in die Milch geben. Milchreis zugeben und 45 Min. zugedeckt bei sehr milder Hitze ausquellen lassen. Gelegentlich umrühren.

2. Inzwischen **Sahne** steif schlagen.

3. Vanilleschote entfernen. **Zucker** zugeben und durchrühren. Reis abkühlen lassen. Gehackte **Mandeln**, **Schlagsahne** und die ganze **Mandel** unterrühren.

SIMPEL

2 Std.

Info **Tradition an der dänischen Grenze und in Dänemark:** Dort wird „Risalamande" (vom französischen „riz à l'amande" = Reis mit Mandel), traditionell zu Weihnachten gegessen. Wer die ganze Mandel in seinem Reis findet, erhält ein kleines Geschenk.

Tipp Wer mag, streut noch Zucker und Zimt drüber. Schmeckt auch toll mit heißen Kirschen.

Bratapfelauflauf mit Marzipanguss ★★★★⟩

Pro Portion   300 KCAL

ZUTATEN (8 Portionen)

100 g Marzipanrohmasse

2 Eier (Kl. M)

50 g Zucker

300 g Crème fraîche

1 Pck. Vanillesaucenpulver (zum Kochen)

4 mittelgroße Äpfel

2 Handvoll Rosinen

evtl. **2 El** Mandelblättchen

1. **Marzipan** würfeln. Mit **Eiern** und **Zucker** in ein hohes Gefäß geben, mit dem Stabmixer pürieren. Crème fraîche und Saucenpulver unterrühren.

2. **Äpfel** halbieren, entkernen und mit der Schnittfläche nach oben in eine gefettete Auflaufform setzen. **Rosinen** in die Mulden füllen. Guss über den Äpfeln verteilen. Auflauf im heißen Ofen bei 195 Grad (Umluft 175 Grad) 35–40 Min. backen. Nach Belieben mit gerösteten **Mandelblättchen** bestreuen.

NORMAL

20 Min. + 35 Min. Backzeit

ANGELORDER: „Die Äpfel habe ich in Spalten geschnitten, so konnte sich jeder die gewünschte Menge auffüllen."

Erdbeerwindbeutel ★★★★★

VEGGIE

`Pro Portion` 72 KCAL

ZUTATEN (30 Stück)

Für den Brandteig

125 ml Milch

25 g Butter

1 Prise Salz

150 g Mehl

4 Eier (Kl. M)

1 Tl Backpulver

Für die Füllung

500 g Erdbeeren

250 g Quark (20 % Fett)

200 ml Schlagsahne

Süßstoff oder Zucker

1. Für den Teig **Milch**, 125 ml Wasser, **Butter** und **Salz** in einem Topf aufkochen. **Mehl** auf einmal zugeben, mit einem Kochlöffel zum Kloß verrühren. Sobald sich auf dem Topfboden ein weißer Belag bildet, Teig in eine Schüssel füllen.

2. Mit den Quirlen des Handrührers 1 **Ei** unter den Teig rühren. Kurz auskühlen lassen, restliche 3 **Eier** einzeln unterrühren. **Backpulver** unter den weichen, glänzenden Teig rühren.

3. Teig in einen Spritzbeutel mit großer Sterntülle füllen. Auf zwei mit Backpapier belegte Bleche mit etwas Abstand (die Windbeutel gehen stark auf) ca. 30 Tupfen spritzen. Im heißen Ofen bei 225 Grad (Umluft 200 Grad) ca. 15 Min. goldbraun backen.

4. Inzwischen für die Füllung **Erdbeeren** putzen. Hälfte der **Erdbeeren** pürieren. **Quark** mit dem Schneebesen glattrühren, Püree unterrühren. **Sahne** steif schlagen, unterheben und nach Geschmack süßen. Restliche **Erdbeeren** würfeln, ebenfalls unterheben. Kurz kaltstellen.

5. Windbeutel sofort nach dem Backen quer halbieren und auskühlen lassen. Mit der Erdbeerquarksahne füllen. Sofort servieren.

WILANA: „Auf einige noch warme Windbeutel habe ich Raspelschokolade gestreut, die restlichen mit Puderzucker bestäubt."

Birnenkompott ★★★★✦

Pro Portion 163 KCAL

ZUTATEN (4 Gläser à 200ml)

1,3 kg Birnen
1 Nelke
1 Zimtstange
150 g Zucker
1 Tl gemahlene Vanille

1. **Birnen** waschen, schälen und das Kerngehäuse herausschneiden. In einem Topf 500 ml Wasser mit Schalen, Kerngehäusen, **Nelke** und **Zimt** aufkochen und 10 Min. sprudelnd kochen lassen. In der Zwischenzeit **Birnen** in mundgerechte Würfel schneiden.

2. Topf vom Herd ziehen. Die ausgekochten Schalen und Gewürze mit der Schaumkelle herausheben. **Birnenwürfel**, **Zucker** und **Vanille** in den Sud geben.

3. Den Birnensud erneut aufkochen und bei mittlerer Hitze weitere 5–6 Min. köcheln lassen.

4. Heißen Kompott randvoll in saubere Twist-off-Gläser füllen, verschließen und auf dem Kopf stehend auskühlen lassen.

GINKA2008: „Durch die Idee mit dem Schalensud braucht man viel weniger Zucker und hat noch mehr Aroma."

Tipp **Äpfel mit Birnen vergleichen:** Funktioniert auch super mit Äpfeln oder beidem gemischt.

**50 Min. +
20 Min.
Backzeit**

KATHY1409: „Wir haben anstelle des Honigs Ahornsirup genommen."

Caramel Apple Pie mit Mandelkruste ★★★★⯨

| Pro Portion | 365 KCAL |

ZUTATEN (12 Stück)

Für den Teig

100 g kalte Butter

200 g Mehl

25 g Zucker

Für die Füllung

1 kg Äpfel (z. B. Elstar)

2 El Zitronensaft

25 g Butter

1 El Zucker

1 El Honig

100 g Rosinen

2 El Mehl

ca. **½ Tl** Zimt

Für die Kruste

75 g Butter

75 g Zucker

1 El Honig

100 g Mandelblättchen

1. Für den Teig **Butter** in kleine Würfel schneiden. Mit **Mehl, Zucker** und 1 El **kaltem Wasser** erst mit den Knethaken des Handrührers, dann mit den Händen zügig zu einem Teig verkneten.

2. Auf bemehlter Arbeitsfläche etwas größer als eine Pie- oder Springform (26 cm Ø) ausrollen. Gefettete Form damit auskleiden, dabei einen ca. 3 cm hohen Rand formen. Kaltstellen.

3. Inzwischen für die Füllung **Äpfel** schälen, vierteln, entkernen und in schmale Spalten schneiden. Mit **Zitronensaft** beträufeln.

4. **Butter** in einer Pfanne zerlassen, **Zucker** und **Honig** zufügen. Rühren, bis sich alles gelöst hat. **Äpfel** zugeben und unter gelegentlichem Wenden 8–10 Min. andünsten.

5. **Rosinen** unter die **Äpfeln** mischen, Pfanne vom Herd ziehen. **Äpfel** mit **Mehl** und **Zimt** gut vermischen. Füllung auf dem Teig verteilen.

6. Apple Pie im heißen Ofen bei 200 Grad (Umluft 180 Grad) auf der untersten Schiene ca. 20 Min. backen.

7. In der Zwischenzeit für die Kruste **Butter** zerlassen. **Zucker** und **Honig** unterrühren und aufkochen. **Mandeln** sorgfältig unterrühren. Mandelmasse auf dem vorgebackenen Boden verteilen, ca. 20 Min. fertig backen. Kuchen lauwarm oder kalt servieren.

Tipp

Nussige Alternative: Fans von Hasel-, Pekan- oder Walnüssen können die Knusperkruste natürlich auch mit ihrer Lieblingsnuss-Sorte anstelle von Mandelblättchen zubereiten. Nüsse dafür mittelfein hacken.

EVA82: „Ich habe 50 Milliliter der Milch durch Orangensaft ersetzt und zwei Esslöffel gebrühten Espresso dazugegeben."

Haselnuss-Gewürzkuchen ★★★★☆

Pro Portion | 492 KCAL

ZUTATEN (12 Stück)

125 g weiche Butter

300 g Zucker

4 Eier (Kl. M)

125 g gemahlene Haselnüsse

300 g Mehl

1 Pck. Backpulver

2 Tl Zimt

1 Msp. gemahlene Nelken

1 Msp. Kardamom

250 ml Milch

125 g Schokolade

125 g Puderzucker

2 Tl Zitronensaft

1 El halbierte Mandeln

1 Tl gehackte Pistazien

1. **Butter** und **Zucker** mit den Quirlen des Handrührers schaumig schlagen. **Eier** trennen, Eigelb nacheinander unterrühren.

2. **Nüsse** mit **Mehl, Backpulver** und **Gewürzen** vermischen. **Milch** und Butter-Zucker-Gemisch unterrühren.

3. **Eiweiß** mit den Quirlen des Handrührers steif schlagen. **Schokolade** reiben. Beides mit einem Löffel unter den Teig heben. Teig in eine gefettete Springform (26 oder 28 cm Ø) geben. Im heißen Ofen bei 190 Grad (Umluft 175 Grad) 60–70 Min. auf der unteren Schiene backen.

4. Aus **Puderzucker** und **Zitronensaft** einen Guss anrühren und mit einem Pinsel auf dem ausgekühlten Kuchen verteilen. Kuchen mit **Mandeln** und **Pistazien** dekorieren.

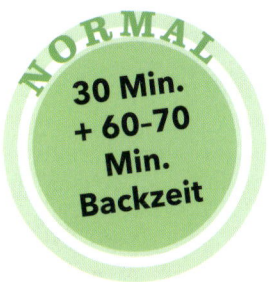

NORMAL
30 Min.
+ 60-70
Min.
Backzeit

Tipp Sie können den Teig auch auf zwei kleinere Springformen (à 20 cm Ø) verteilen. Die Backzeit beträgt dann nur 45 Min.

Rhabarber-Apfel-Käsekuchen mit Haferflockenstreuseln ★★★★☆

Pro Portion **390 KCAL**

ZUTATEN (12 Stück)

Für die Streusel

125 g weiche Butter

100 g Zucker

75 g zarte Haferflocken

125 g Mehl

500 g Rhabarber

2 Äpfel

Für den Teig

100 g weiche Butter

50 g Zucker

2 Eier (Kl. M)

100 g Mehl

1 Tl Backpulver

Für den Belag

3 Eier (Kl. M)

75 g Zucker

500 g Quark

1. Für die Streusel **Butter** in kleine Stücken schneiden. **Zucker**, **Haferflocken** und gesiebtes **Mehl** dazugeben, alles mit den Händen zu Streuseln verkneten, kaltstellen. **Rhabarber** putzen und in 2–3 cm lange Stücke schneiden. **Apfel** schälen, entkernen und in feine Spalten schneiden. Beides beiseitestellen.

2. Für den Teig **Butter**, **Zucker** und **Eier** mit den Quirlen des Handrührers schaumig rühren. **Mehl** und **Backpulver** mischen, darauf sieben und unterrühren.

3. Teig in eine gefettete Springform (26 cm Ø) geben, glattstreichen. **Rhabarber** darauf verteilen. Im heißen Ofen bei 200 Grad (Umluft 180 Grad) 15–20 Min. backen.

4. Für den Belag **Eier** und **Zucker** mit den Quirlen des Handrührers schaumig rühren. **Quark** unterrühren.

5. Quarkmasse auf den Kuchen streichen und mit **Apfelspalten** belegen. Streusel gleichmäßig darauf verteilen. Kuchen weitere 30–35 Min. fertig backen. Herausnehmen und auskühlen lassen.

SCHLEMMERHAPPEN: „Für ein Blech alle Zutaten verdoppeln. Den Boden mit dem Rhabarber habe ich 30 Minuten vorgebacken."

Apfelkuchen mit Marzipan ★★★★✦

VEGGIE

Pro Portion	248 KCAL

ZUTATEN (16 Stück)

300 g Äpfel (z. B. Cox Orange, Boskop oder Elstar)

2 El Zitronensaft

200 g weiche Butter

150 g Zucker

1 Pck. Vanillezucker

1 Prise Salz

2 Tropfen Bittermandelaroma

3 Eier (Kl. M)

100 g Marzipanrohmasse

200 g Mehl

50 g Speisestärke

2 Tl Backpulver

1 El Puderzucker

1. **Äpfel** schälen, entkernen, in kleine Würfel schneiden und mit dem **Zitronensaft** mischen. Äpfel beiseitestellen.

2. **Butter**, **Zucker**, **Vanillezucker**, **Salz** und **Bittermandelaroma** mit den Quirlen des Handrührers schaumig rühren. **Eier** einzeln unterrühren. **Marzipan** auf der Haushaltsreibe fein raspeln und unterrühren. **Mehl**, **Stärke** und **Backpulver** mischen, kurz unterrühren. Äpfel abtropfen lassen, unterheben.

3. Teig in eine gefettete, mit Mehl bestäubte Kastenform (30 cm) füllen und glattstreichen.

4. Kuchen im heißen Ofen bei 175 Grad (Umluft 155 Grad) 60–70 Min. backen, währenddessen eine hitzefeste, mit Wasser gefüllte Tasse auf den Boden des Backofens stellen. Kuchen nach 45 Min. mit Alufolie oder Backpapier abdecken.

5. Kuchen aus dem Ofen nehmen, in der Form 10 Min. abkühlen lassen, auf ein Kuchengitter stürzen und auskühlen lassen. Nach dem Auskühlen umdrehen und mit **Puderzucker** bestäuben.

SAURERSPRUDEL: „Der schmeckt noch mal so gut mit Zimtsahne."

Tipp **Damit nichts klebt:** Das Marzipan auf der Haushaltsreibe fein zu raspeln klappt noch einfacher, wenn man es vorher kühlt..

119

Außerdem in der Reihe erschienen:
CHEFKOCH-Hüttengaudi

120 Seiten,
19 x 23 cm, Flexcover,
durchgehend farbig bebildert,
ISBN: 978-3-96058-482-7,
12,99 €

CHEFKOCH goes Alpenküche!

Wir haben die besten Rezepte aus der Alpenregion für Sie zusammengestellt, denn die schmecken nicht nur auf dem Oktoberfest, sondern immer und überall. Deftige Schmankerl wie Leberkäse, Entenbraten und Fleischpflanzerl lassen die Herzen der Fleischliebhaber höherschlagen. Es muss aber nicht immer Fleisch sein, das zeigen die heißgeliebten vegetarischen Klassiker wie Schlipfkrapfen oder Zwiebel- und Reibekuchen. Und natürlich dürfen auch süße Versuchungen wie Kaiserschmarrn nicht fehlen – hier ist garantiert für jeden Hüttenfreund das Richtige dabei! Dazu wartet noch ein besonderes Highlight auf Sie: Wir finden, der Knödel ist ein richtiges Soulfood. Freuen Sie sich also auf ein ganzes Special-Kapitel voll köstlicher Knödelrezepte!

Im Handel und online erhältlich unter www.edition-lempertz.de